토익 기본기 완성

Week 16

Contents	Page	Date	Check
Day 01 [Part 3] 제안/요청 사항을 묻는 문제	02	월 일	☐
Day 02 [Part 5] 전치사 ②	06	월 일	☐
Day 03 [Part 3] do next 문제	10	월 일	☐
Day 04 [Part 5] 전치사 ③	14	월 일	☐
Day 05 Weekly Test	18	월 일	☐

Part 3

제안/요청 사항을 묻는 문제

화자 한 명이 상대방에게 무엇을 하라고 제안 또는 요청하는지 묻는 문제가 나옵니다. 그 단서가 제안/요청을 나타내는 표현과 함께 제시되므로 여러 가지 제안/요청 표현들을 미리 알고 있으면 쉽게 풀 수 있습니다.

무엇을 도와드릴까요?

무선 마우스를 하나
추천해 주시겠어요?

대화를 듣고 여자가 남자에게 요청하는 것이 무엇인지 맞혀보세요.

M: Welcome to ACE Electronics. How may I help you?
W: Hi, I'm looking for a **wireless mouse. Would you mind recommending one?**

Q. 여자가 남자에게 요청하는 것?
A. 제품 추천

남: 에이스 전자에 오신 것을 환영합니다. 무엇을 도와드릴까요?
여: 무선 마우스를 찾고 있습니다. 하나 추천해 주시겠어요?

제안/요청 사항 단서 및 정답

Could you e-mail me the notes you wrote? 정답 Send some information	당신이 필기한 내용을 이메일로 보내 주시겠어요? 정보 보내기
I was wondering if you could set up the projector. 정답 Set up some equipment	당신이 프로젝터를 설치해 주실 수 있나 궁금했어요. 장비 설치하기
Please fill out this form. 정답 Complete a form	이 서식을 작성해 주세요. 서식 작성하기
Why don't you call Jim and say that we'll be late? 정답 Make a phone call	짐한테 전화해서 우리가 늦을 거라고 말해 줄래요? 전화하기

제안/요청 사항을 묻는 문제 형태

가장 중요한 것은 누가 누구에게 제안하는지를 잘 파악하는 것입니다. 특히 남자 또는 여자가 요청하는 것을 묻는지(능동태) 요청 받는 것을 묻는지(수동태) 구분할 수 있어야 해요.

남자가 여자에게 요청하다
What does **the man ask the woman** to do? ☞남자의 말에 집중
남자는 여자에게 무엇을 하도록 요청하는가?

남자가 요청 받다
What **is the man asked** to do? ☞상대방인 여자의 말에 집중
남자는 무엇을 하도록 요청 받는가?

남자가 제안하다
What does **the man suggest** the woman do?
남자는 여자에게 무엇을 하도록 제안하는가?

남자가 추천하다
What does **the man recommend** doing?
남자는 무엇을 할 것을 추천하는가?

Quiz

1 질문을 읽고 무엇을 묻는 문제인지 파악하세요.

Q. What does the woman ask the man to do?

2 대화를 듣고 빈칸을 채워보세요.

M: I'd like the computer fixed as soon as possible because I need it for work.
W: Alright, please just ________________________ and we'll have one of our technicians take a look at it.

3 질문과 선택지를 읽고 정답을 골라보세요.

Q. What does the woman ask the man to do?

(A) Fix a computer
(B) Complete a form

fill out this form
→ Complete a form

정답 및 해설 p. 23

Practice

정답 및 해설 p. 23

▲MP3 바로듣기

▲강의 바로보기

오늘 배운 내용을 바탕으로 연습문제를 풀어 보세요.

1 What is the problem?

(A) A delivery was delayed.
(B) An event was rescheduled.
(C) A meeting was canceled.
(D) A device is faulty.

2 What does the woman suggest the man do?

(A) Talk to his manager
(B) Get a full refund
(C) Borrow another machine
(D) Schedule a repair service

3 What does the man need to do?

(A) Visit a department
(B) Fill out a form
(C) Prepare for a meeting
(D) Call a repairperson

4 Where does the conversation most likely take place?

(A) On a cruise ship
(B) On a train
(C) On an airplane
(D) On a bus

5 What task does the man ask the woman to do?

(A) Distribute some items
(B) Fasten her seatbelt
(C) Lock a door
(D) Make an announcement

6 What does the man say he will be doing?

(A) Speaking with a passenger
(B) Heating up some food
(C) Installing some equipment
(D) Checking a travel schedule

Today's VOCA

▲MP3 바로듣기

01 include ★★★★★
인클루-(드) [ɪnklú:d]
통 포함하다

include A in B
A를 B 안에 포함시키다
파 **including** 전 ~을 포함하여

02 due ★★★★★
듀- [dju:]
형 기한이 만료되는

be **due** two weeks from the checkout date
대출일로부터 2주 후가 반납일이다

03 rather ★★★
래더ㄹ [rǽðər]
부 다소, 꽤, 차라리

rather slow in the second quarter
2분기에 다소 둔화된

04 application ★★★
애플리케이션 [æplikéiʃən]
명 신청(서), 지원(서), 적용, 응용

an **application** for a bank loan
은행 대출 신청(서)

05 support ★★
써포ㄹ웃(트) [səpɔ́:rt]
명 지원, 지지, 도움, 후원 동 지원하다, 지지하다

thanks to your continued **support**
여러분의 지속적인 지원 덕분에

06 accordingly ★★
어코어ㄹ딩리 [əkɔ́:rdiŋli]
부 그에 따라, 따라서, 그러므로

be adjusted **accordingly**
그에 따라 조정되다

07 growth ★★
그뤄우(쓰) [grouθ]
명 성장

anticipate a 10% **growth** this quarter
이번 분기 10% 성장을 예상하다
파 **grow** 동 성장하다, 증가하다

08 significant ★★
식-니삐컨(트) [signífikənt]
형 상당한, 중요한

gain a **significant** share of the electronics market 전자제품 시장에서 상당한 점유율을 차지하다
파 **significance** 명 중요성

Part 5

전치사 ❷

▲강의 바로보기

시간 전치사

대표적인 시간 전치사에는 in, on, at이 있으며, 시간의 범위나 길이에 따라 쓰이는 전치사가 달라집니다. 세 개의 전치사 모두 '~에'로 해석되지만, 뒤에 나오는 명사의 성격이 모두 다르므로 각 전치사마다 목적어로 가지는 명사의 성격을 알아 두어야 합니다.

■ in

전치사 in과 함께 쓰일 수 있는 시간 명사는 연도, 월, 계절을 나타내는 명사입니다. 또한 아침, 점심, 저녁과 같은 막연한 시간대를 나타낼 때도 in을 씁니다.

The movie will be released **in** **December**.
그 영화는 12월에 개봉될 것이다.

I had a car accident on the way to work **in** **the morning**.
나는 아침에 출근하는 길에 자동차 사고가 났다.

■ on

전치사 on이 시간 전치사로 쓰일 때는 요일, 날짜, 특정한 날을 나타내는 명사와 함께 쓰입니다.

Mr. Charles is scheduled to visit a branch in New Jersey **on** **Wednesday**.
찰스 씨는 수요일에 뉴저지에 있는 한 지사를 방문하기로 예정되어 있다.

We will be having a training meeting for all employees **on** **July 14**.
저희는 7월 14일에 모든 직원들을 대상으로 하는 교육을 진행할 것입니다.

The store owner decided to close **on** **Christmas Day**.
상점 주인은 크리스마스에 문을 닫기로 결정했다.

■ at

전치사 at이 시간을 나타낼 때는 시각이나 구체적인 시점을 나타내는 명사와 함께 사용됩니다.

The train I should take departs **at** 5:30 p.m.
내가 타야 하는 기차는 오후 5시 30분에 출발한다.

You will receive a full payment **at** the end of the month.
당신은 월말에 모든 비용을 받을 것이다.

기타 시간 전치사

전치사	뜻	특징
during	~동안에	일이 시작되고 끝나는 기간을 나타내며, 기간을 포함한 명사와 함께 사용 Employees participated in many activities **during** the workshop. 직원들은 워크숍 동안 많은 활동에 참가했다.
within	~이내에	일의 발생 시한을 나타내며, 기간을 포함한 명사와 함께 사용 If you have any problems, please contact us **within** one week. 어떤 문제라도 생긴다면, 1주일 이내에 저희에게 연락 주세요.
by	~까지	within과 마찬가지로 일의 발생 기한을 나타내지만, 뒤에 시점을 나타내는 명사를 사용 The weekly sales report must be completed **by** Friday. 주간 매출 보고서는 금요일까지 완료되어야 한다.
throughout	~내내, ~ 전체에 걸쳐	기간 명사 앞에 와서 그 기간 전체에서 행위가 지속적으로 발생함을 나타냄 Buses will run until 2 a.m. **throughout** the festival period. 축제 전 기간에 걸쳐 버스가 새벽 2시까지 운행할 것이다.
until	~까지	진행 중인 일의 종료 시점을 나타내며, 시점을 표현하는 명사와 함께 사용 Our store will be unavailable **until** next Friday. 저희 가게는 다음 주 금요일까지 이용할 수 없을 것입니다.

Practice | 정답 및 해설 p. 25

▲ 강의 바로보기

오늘 배운 내용을 바탕으로 연습문제를 풀어 보세요.

1 The ceiling repair work in the auditorium is scheduled to end ------- April 20.

(A) on (B) at
(C) in (D) during

2 Ms. Turner has an appointment with one of her clients ------- 2 p.m.

(A) at (B) in
(C) on (D) to

3 The economic slowdown is expected to continue ------- next year.

(A) before (B) near
(C) until (D) across

4 Our sales will increase sharply ------- the promotional period.

(A) from (B) during
(C) by (D) about

5 Customers will receive an invoice ------- one day of placing an order.

(A) within (B) into
(C) over (D) on

memo

Today's VOCA

▲MP3 바로듣기

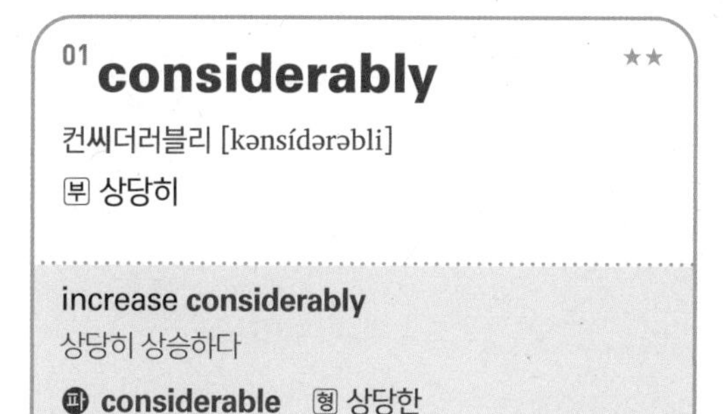

01 **considerably** ★★

컨씨더러블리 [kənsídərəbli]

부 상당히

increase **considerably**
상당히 상승하다

파 **considerable** 형 상당한

02 **expansion** ★★

익스팬션 [ikspǽnʃən]

명 확장, 확대

expansion into overseas markets
해외 시장으로의 확장

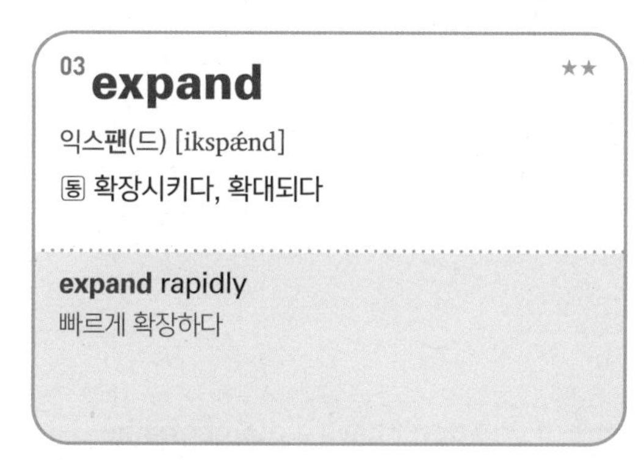

03 **expand** ★★

익스팬(드) [ikspǽnd]

동 확장시키다, 확대되다

expand rapidly
빠르게 확장하다

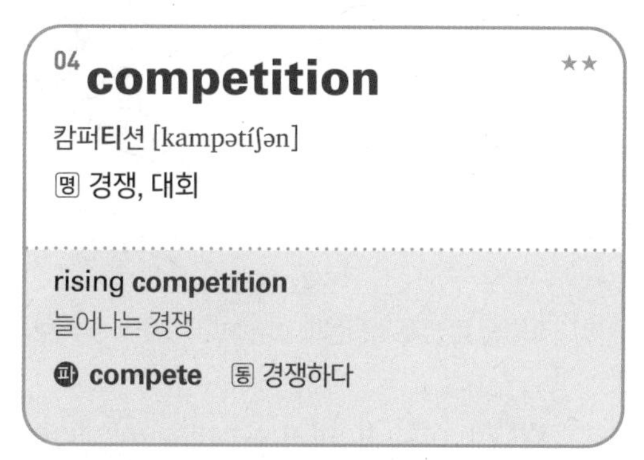

04 **competition** ★★

캄퍼티션 [kampətíʃən]

명 경쟁, 대회

rising **competition**
늘어나는 경쟁

파 **compete** 동 경쟁하다

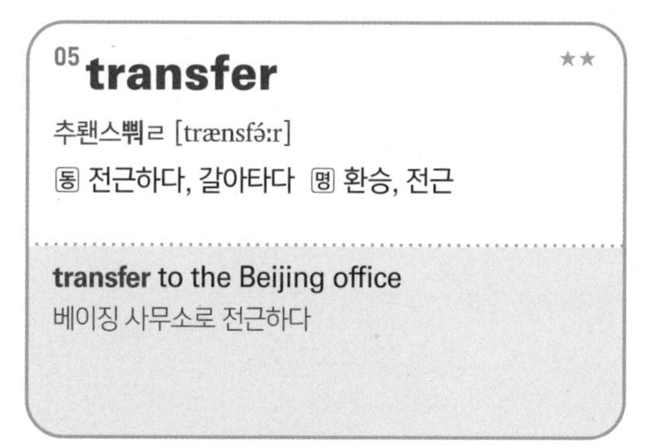

05 **transfer** ★★

추랜스뿨ㄹ [trænsfə́ːr]

동 전근하다, 갈아타다 명 환승, 전근

transfer to the Beijing office
베이징 사무소로 전근하다

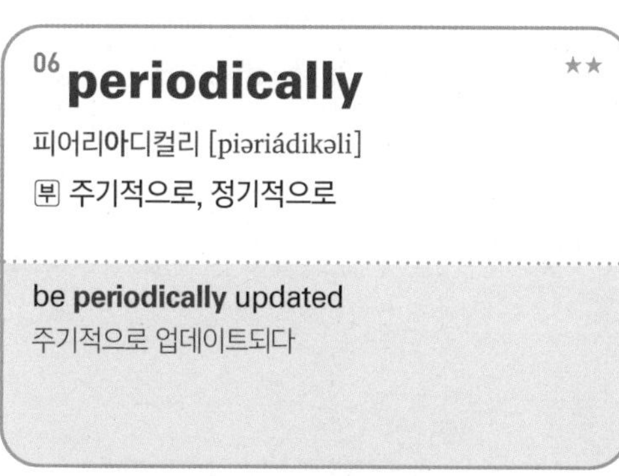

06 **periodically** ★★

피어리아디컬리 [piəriádikəli]

부 주기적으로, 정기적으로

be **periodically** updated
주기적으로 업데이트되다

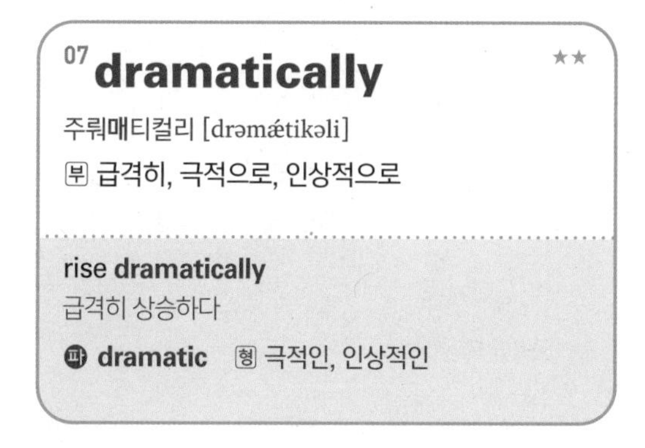

07 **dramatically** ★★

주뤄매티컬리 [drəmǽtikəli]

부 급격히, 극적으로, 인상적으로

rise **dramatically**
급격히 상승하다

파 **dramatic** 형 극적인, 인상적인

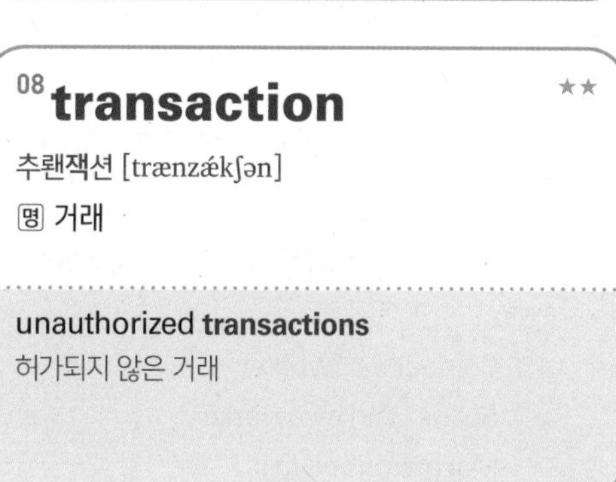

08 **transaction** ★★

추랜잭션 [trænzǽkʃən]

명 거래

unauthorized **transactions**
허가되지 않은 거래

Part 3

do next 문제

▲ MP3 바로듣기

▲ 강의 바로보기

특정 화자 또는 화자들의 다음 행동을 묻는 문제로, 그 힌트는 대화의 맨 마지막에 나옵니다. 주로 미래 시제(I will ~, I'm going to ~)로 자신의 계획을 밝히는 문장, 또는 제안 및 그에 대한 동의를 나타내는 부분에서 단서를 찾을 수 있습니다.

대화를 듣고 남자가 다음에 할 일이 무엇인지 맞혀보세요.

W: We offer front row seats only to members. If you **don't have a membership, you can sign up for one here.**

M: Oh, great. **I'll do that right now.**

Q. 남자의 다음 할 일?
A. 회원권 신청

여: 저희는 앞줄 좌석을 회원들에게만 제공하고 있어요. 회원권이 없으시면 여기서 신청하실 수 있습니다.
남: 오, 잘됐네요. 당장 하겠습니다.

■ do next 문제 단서 및 정답

You can **order** tickets **through our homepage.** 정답 Visit[Go to] a Web site	저희 홈페이지에서 티켓을 주문할 수 있습니다. 웹 사이트 방문하기
Let me **call Jamie in Technical Support** right away. 정답 Contact a coworker Speak with a coworker Make a phone call	기술 지원부의 제이미 씨에게 지금 바로 전화해 볼게요. 동료에게 연락하기 동료와 이야기하기 전화하기

I need your **signature on this registration form.** 정답 Sign a form	이 등록 양식에 당신의 서명이 필요해요. 서식에 서명하기
I'll **take a look at the budget** and let you know. 정답 Review a budget	예산을 살펴보고 알려 줄게요. 예산 검토하기

■ do next 문제 형태

이 유형의 문제는 거의 'do next?'로 끝나기 때문에 do next가 보이면 다음 할 일을 묻는 문제라고 생각하고 대화의 마지막 부분에 바짝 집중하세요.

What will the **speakers** (most likely) **do next?**
화자들은 다음에 무엇을 하겠는가?

What will the **woman** (probably) **do next?**
여자는 다음에 무엇을 하겠는가?

Quiz

1 질문을 읽고 무엇을 묻는 문제인지 파악하세요.

Q. What will the woman probably do next?

2 대화를 듣고 빈칸을 채워보세요.

M: Amber said she could help you with the presentation slides for the meeting tomorrow.
W: Oh, great. ______________________________ and see if she can start working on them right away.

3 질문과 선택지를 읽고 정답을 골라보세요.

Q. What will the woman probably do next?

(A) Contact a coworker
(B) Cancel a meeting

give her a call
→ Contact a coworker / Speak with a coworker

정답 및 해설 p. 25

Practice ❘ 정답 및 해설 p. 26

정답 및 해설 p. 26

▲ MP3 바로듣기

▲ 강의 바로보기

오늘 배운 내용을 바탕으로 연습문제를 풀어 보세요.

1 What are the speakers preparing to do?

(A) Advertise a job vacancy
(B) Hold a retirement party
(C) Sign up for a convention
(D) Go on vacation

2 What does the woman say about the Luna Hotel?

(A) It is too expensive.
(B) It is too far away.
(C) It is fully booked.
(D) It has closed down.

3 What will the man most likely do next?

(A) Visit a restaurant
(B) Contact a family member
(C) Meet with some colleagues
(D) Pay a booking fee

4 What are the speakers mainly discussing?

(A) An online review
(B) A business meeting
(C) A Web site design
(D) A device installation

5 What has caused a problem?

(A) A cost is higher than expected.
(B) An employee made some errors.
(C) A work schedule is not ready.
(D) A meeting time was changed.

6 What is the man going to do next?

(A) Read a document
(B) Purchase a drink
(C) Contact a manager
(D) Send an e-mail

▲MP3 바로듣기

01 **owing** ★★
오우잉 [óuiŋ]
형 빚진, 갚아야 할, 덕분인

owing to rising fuel prices
상승하는 연료비 때문에
파 **owing to** 전 ~ 때문에

02 **cautiously** ★★
커셔슬리 [kɔ́:ʃəsli]
부 신중히, 조심스럽게

proceed **cautiously** with its expansion plans 확장 계획을 신중하게 추진하다
파 **caution** 명 주의, 조심

03 **account** ★
어카운(트) [əkáunt]
동 설명하다, (비율) 차지하다 명 계정

account for the decrease in
~의 하락을 설명하다
* 전치사 for와 쓰임

04 **potential** ★
퍼텐셜 [pəténʃəl]
명 가능성, 잠재력 형 잠재적인

have extraordinary **potential** for
~에 대해 엄청난 가능성을 가지고 있다

05 **previously** ★
프뤼뷔어슬리 [prí:viəsli]
부 이전에

higher than **previously** expected
이전에 예상했던 것보다 더 높은
파 **previous** 형 이전의

06 **rate** ★
뤠잇 [reit]
명 요금, 등급, 비율, 속도 동 등급을 매기다

at reasonable **rates**
합리적인 요금으로

07 **predict** ★
프뤼딕(트) [pridíkt]
동 예측하다

predict an increase in
~의 증가를 예상하다
파 **prediction** 명 예측, 예언

08 **substantial** ★
썹스탠셜 [səbstǽnʃəl]
형 상당한

make **substantial** donations to
~에게 상당한 액수의 기부를 하다
파 **substantially** 부 상당히

Part 5

전치사 ❸

▲ 강의 바로보기

기타 전치사

전치사는 시간이나 장소뿐만 아니라 주제, 소유, 목적, 수단, 동반 등 다양한 의미를 나타낼 수 있습니다. 이 유형의 전치사는 전치사 앞뒤 단어의 연결 관계를 나타내므로 빈칸 앞뒤에 제시된 단어의 의미를 따져봐야 합니다.

■ about, on

전치사 about과 on은 말이나 글의 주제를 나타내며, '~에 관해서'라는 의미를 가집니다.

The manager **talked about a new marketing strategy** during yesterday's meeting.
매니저는 어제 회의 동안에 새로운 마케팅 전략에 대해 이야기했다.

I read **the article on a slowdown in economic growth** this morning.
나는 오늘 아침 경제 성장의 둔화에 대한 기사를 읽었다.

■ of

전치사 of는 주로 소유 또는 소속 관계를 나타내며, of 뒤에 오는 명사에 '~의'를 붙여 해석하면 됩니다. 예를 들어, 'A of B'는 'B의 A'라고 해석합니다.

The nurses of the hospital always respond to patients with pleasure.
그 병원의 간호사들은 언제나 환자들을 즐겁게 응대합니다.

Please feel free to ask any questions ------- the conference.

(A) about
(B) of

for

전치사 for는 주로 목적 또는 용도를 나타내며, for 뒤에 오는 명사에 '~을 위해'를 붙여 해석합니다.

Jason is making a cake **for** his daughter's birthday.
제이슨은 딸의 생일을 위해 케이크를 만들고 있다.

Michael is saving a lot of money **for** his summer vacation.
마이클은 여름휴가를 위해 많은 돈을 저축하고 있다.

다양한 의미를 가지는 전치사 for

전치사 for는 '~을 위하여'라는 목적이나 용도의 의미, 대가/이유, 도착지 등 다양한 의미를 나타낼 수 있습니다.

Mr. Hall won an award **for** his excellent performance.
홀 씨는 뛰어난 실적의 대가로 상을 받았다. [대가/이유]

The train **for** New York has just arrived.
뉴욕행 열차가 막 도착했습니다. [도착지]

with

전치사 with는 토익에서 주로 수단 또는 동반의 의미를 나타내는데, 수단을 뜻할 때는 '~을 가지고, ~로써' 라고 해석하고, 동반을 나타낼 때는 '~와 함께'의 의미를 가집니다.

We will replace plastic bags **with** recycled paper bags as of July 1.
저희는 7월 1일부로 비닐봉지를 재생 종이 쇼핑백으로 대체할 것입니다.

The man **with** a briefcase will deliver the keynote speech in the afternoon.
서류 가방을 가지고 있는 남자가 오후에 기조 연설을 할 것이다.

Every visitor is allowed to enter the facility **with** the manager.
모든 방문객들은 관리자와 함께 시설에 들어가는 것이 허용된다.

Practice | 정답 및 해설 p. 28

▲ 강의 바로보기

오늘 배운 내용을 바탕으로 연습문제를 풀어 보세요.

1 On our Web site, you can find various advice ------- successful job seekers.

(A) of　　(B) to
(C) with　　(D) at

2 To apply for this position, please send us your résumé ------- your full work experience.

(A) if　　(B) while
(C) by　　(D) with

3 Mind Blast Group arranges grants ------- entrepreneurs and owners of small businesses.

(A) off　　(B) by
(C) for　　(D) as

4 Ms. Turner meets weekly ------- the accounting manager to review profits and expenses.

(A) by　　(B) with
(C) to　　(D) along

5 The mayor asked residents to learn more ------- the city's history in order to support its tourism industry.

(A) with　　(B) to
(C) about　　(D) at

memo

Today's VOCA

▲MP3 바로듣기

01 affect ★
어펙(트) [əfékt]
동 영향을 주다

affect the launch of our new product
우리의 신제품 출시에 영향을 주다

02 saving ★
쎄이빙 [séiviŋ]
명 절약, 할인, 저축, 저금 형 절약하는

open a **savings** account
저축 예금 계좌를 열다
파 **save** 동 저축하다, 저장하다

03 anniversary ★
애너붜ㄹ써뤼 [ænəvə́:rsəri]
명 (연례) 기념일

celebrate the tenth **anniversary** of the firm
회사 창립 10주년을 기념하다

04 slightly ★
슬라잇(틀)리 [sláitli]
부 약간, 근소하게

rise **slightly**
약간 상승하다
파 **slight** 형 약간의

05 steady ★
스테디 [stédi]
형 꾸준한, 한결같은

experience **steady** growth
꾸준한 성장을 경험하다
파 **steadily** 부 꾸준히, 한결같이

06 impact ★
명 임팩(트) [ímpækt] 동 임팩(트) [impǽkt]
명 영향, 충격 동 충격을 주다

have a positive **impact** on
~에 긍정적인 영향을 미치다

07 complete ★★★
컴플릿 [kəmplí:t]
동 수료하다, 완성하다 형 완전한, 끝난

complete the training course on
~에 대한 과정을 수료하다
파 **completion** 명 완료

08 detailed ★★★
디테일(드) [ditéild] / 디-테일(드) [dí:teild]
형 상세한

detailed descriptions of the property
그 부동산에 대한 상세한 설명
파 **detail** 동 상세히 열거하다 명 세부 사항

Day 05 Weekly Test

정답 및 해설 p. 28

VOCA

● 단어와 그에 알맞은 뜻을 연결해 보세요.

1 significant •		• (A) 확장시키다, 확대되다
2 steady •		• (B) 상당한, 중요한
3 expand •		• (C) 꾸준한, 한결 같은

● 다음 빈칸에 알맞은 단어를 선택하세요.

(A) rate
(B) transactions
(C) impact

4 at a reasonable -------
합리적인 요금으로

5 have a positive ------- on
~에 긍정적인 영향을 미치다

6 unauthorized -------
허가되지 않은 거래

● 실전 문제에 도전해 보세요.

7 Leland Corporation expects a 15% ------- next year in sales.

(A) application (B) growth
(C) support (D) impact

8 Factory workers are reminded to dispose of chemical waste -------.

(A) substantially (B) considerably
(C) cautiously (D) dramatically

LC

한 주 동안 학습한 내용을 적용하여 기출변형 문제들을 풀어 보세요.

▲ MP3 바로듣기

▲ 강의 바로보기

1 What are the men delivering?

(A) Appliances
(B) Office supplies
(C) Documents
(D) Food orders

2 What problem are the men discussing?

(A) A parking lot is full.
(B) A phone number is wrong.
(C) An item is out of stock.
(D) A client has not arrived.

3 What does the woman suggest the men do?

(A) Call a client
(B) Attend a meeting
(C) Send an e-mail
(D) Take a break

4 Where do the speakers most likely work?

(A) At a hotel
(B) At an airline
(C) At an amusement park
(D) At an appliance store

5 What problem does the woman mention?

(A) A flight has been delayed.
(B) A device has malfunctioned.
(C) A production rate is too slow.
(D) A manufacturing cost is too high.

6 What will the woman probably do next?

(A) Organize a meeting
(B) Revise a budget
(C) Make a reservation
(D) Compare some companies

RC

한 주 동안 학습한 내용을 적용하여 기출변형 문제들을 풀어 보세요.

1 This week's customer service training session will take place ------- 9:30 a.m. tomorrow.

(A) on
(B) for
(C) at
(D) between

2 The author urged readers to learn more ------- our history not to repeat the mistakes of the past.

(A) about
(B) with
(C) for
(D) until

3 Kliko Enterprises states on its Web site that overseas orders will be received ------- seven business days.

(A) at
(B) on
(C) during
(D) within

4 Starting ------- Saturday, Water & Vessel will feature a range of artworks such as paintings and photography.

(A) at
(B) last
(C) on
(D) through

5 This phone call may be recorded ------- the purpose of training our employees to handle customer inquiries.

(A) because
(B) for
(C) to
(D) while

6 Due to problems with the air conditioning system, the conference room will not be available ------- further notice.

(A) on
(B) as
(C) along
(D) until

7 Mr. Ark will not be able to attend tomorrow's workshop ------- advanced sales techniques.

(A) on
(B) with
(C) of
(D) in

8 All of the birthday cakes were so attractive that it was hard to choose which one to buy ------- the party.

(A) until
(B) for
(C) in
(D) before

9 Employees are required to inform customers that they can get a discount ------- the Christmas season.

(A) on
(B) of
(C) during
(D) to

10 Today's speakers will share their ideas for our new television commercials ------- the executives.

(A) with
(B) for
(C) at
(D) about

Week 16
정답 및 해설

Day 01 제안/요청 사항을 묻는 문제

Quiz

M: I'd like the computer fixed as soon as possible because I need it for work.

W: Alright, please just fill out this form and we'll have one of our technicians take a look at it.

남: 제가 일 때문에 컴퓨터가 필요해서 가능한 한 빨리 수리 받고 싶어요.

여: 알겠어요, 이 서식을 작성해주시면 저희의 기술자 중 한 명에게 살펴보라고 할게요.

Q. 여자는 남자에게 무엇을 하도록 요청하는가?
(A) 컴퓨터를 수리하는 일
(B) 서식을 작성하는 일

정답 (B)

어휘 fix ~을 수리하다, 고치다 as soon as possible 가능한 한 빨리 fill out ~을 작성하다(= complete) form 양식, 서식 have A do: A에게 ~하게 하다 technician 기술자 take a look at ~을 살펴보다, 한번 보다

Practice

1. (A)	2. (C)	3. (C)	4. (C)	5. (A)
6. (B)				

Questions 1-3 refer to the following conversation.

W: Good morning, John. Have you checked if the new projector arrived?

M: Yes, **1** it was supposed to be delivered this morning, but I just heard from the shipping company that it will arrive tomorrow morning.

W: Well, then, **2** we should contact the technical support team to borrow one for now.

M: Yeah. That way, **3** I'll be able to set it up in a meeting room for tomorrow's meeting.

여: 안녕하세요, 존 씨. 새 프로젝터가 도착했는지 확인해 보셨나요?

남: 네, 오늘 아침에 도착하기로 되어 있었는데, 방금 배송 업체로부터 내일 아침에 도착한다는 말을 들었어요.

여: 저, 그럼, 지금으로서는 기술 지원팀에 연락해서 한 대 빌려야 해요.

남: 네. 그렇게 하면, 내일 회의를 위해 회의실에 설치할 수 있을 거예요.

어휘 check if ~인지 확인하다 arrive 도착하다 be supposed to do ~하기로 되어 있다, ~할 예정이다 deliver ~을 배송하다, 전달하다 hear from A that + 절: A로부터 ~라는 말을 듣다, 소식을 듣다 then 그럼, 그렇다면 contact ~에게 연락하다 technical support 기술 지원 borrow ~을 빌리다 for now 지금으로서는, 당분간은 that way 그렇게 하면, 그런 방법으로 be able to do ~할 수 있다 set A up: A를 설치하다, 설정하다

1. 무엇이 문제인가?
(A) 배송이 지연되었다.
(B) 행사 일정이 재조정되었다.
(C) 회의가 취소되었다.
(D) 기기에 결함이 있다.

정답 (A)

해설 문제점을 묻고 있으므로 대화에 언급되는 부정적인 일에 집중해 들어야 한다. 여자의 질문에 대해 남자가 오늘 배송되기로 되어 있던 제품이 내일 배송된다는 말을 들었다(~ it was supposed to be delivered this morning ~ it will arrive tomorrow morning)고 알리는 것이 문제점에 해당된다. 이는 배송이 지연된 것을 의미하므로 (A)가 정답이다.

어휘 delay ~을 지연시키다 reschedule ~의 일정을 재조정하다 cancel ~을 취소하다 device 기기, 장치 faulty 결함이 있는

Paraphrase was supposed to be delivered this morning ~ it will arrive tomorrow morning → delayed

2. 여자는 남자에게 무엇을 하도록 제안하는가?
(A) 상사와 이야기하는 일
(B) 전액 환불을 받는 일
(C) 다른 기기를 빌리는 일
(D) 수리 서비스 일정을 잡는 일

정답 (C)

해설 여자가 제안하는 일을 묻는 문제이므로 여자의 말에서 제안 표현과 함께 언급되는 단서를 찾아야 한다. 대화 중반부에 여자는 we should 제안 표현과 함께 기술 지원팀에 연락해 하나를 빌리도록(contact the technical support team to borrow one) 제안하고 있다. 여기서 one은 앞서 언급된 프로젝터, 즉 기기를 의미하므로 다른 기기를 빌리도록 제안하고 있음을 알 수 있다. 따라서 (C)가 정답이다.

어휘 suggest (that) + 절: ~하도록 권하다, 제안하다 full

refund 전액 환불 borrow ~을 빌리다 schedule v. ~의 일정을 잡다 repair 수리

3. 남자는 무엇을 해야 하는가?
(A) 부서를 방문하는 일
(B) 양식을 작성하는 일
(C) 회의를 준비하는 일
(D) 수리 기사에게 전화하는 일

정답 (C)
해설 대화 마지막 부분에 남자는 자신이 할 일로 내일 회의를 위해 회의실 한 곳에 설치하는 것(I'll be able to set it up in a meeting room for tomorrow's meeting)을 언급하고 있는데, 이는 회의 준비를 하는 것에 해당되므로 (C)가 정답이다.
어휘 **department** 부서 **fill out** ~을 작성하다 **form** 양식, 서식 **prepare for** ~을 준비하다 **repairperson** 수리 기사

Paraphrase set it up in a meeting room for tomorrow's meeting → Prepare for a meeting

Questions 4-6 refer to the following conversation.

W: Bernie, I just finished the final safety check. 4 All of our passengers have their seatbelts on and are ready for take-off.
M: Have you closed all the overhead compartments?
W: Yes.
M: Good job. But, we're a little ahead of schedule. 5 Please pass out pillows and blankets to the passengers.
W: No problem. Shall I give each of them a pair of headphones, too?
M: Yes. 6 While you're doing that, I'll start warming up the in-flight meals for our passengers.

여: 버니 씨, 전 방금 최종 안전 점검을 마쳤어요. 저희 승객들 모두가 안전벨트를 착용했고 이륙 준비가 되었어요.
남: 모든 짐칸을 닫았나요?
여: 네.
남: 잘하셨어요. 그런데, 우리는 일정보다 약간 앞서 있네요. 승객들에게 베개와 담요를 나누어 주세요.
여: 문제 없어요. 제가 각 승객에게 헤드폰도 드릴까요?
남: 네, 그걸 하고 계시는 동안, 저는 승객들을 위해 기내식을 데우기 시작할게요.

어휘 **finish** ~을 마치다, 완료하다 **final** 최종의, 마지막의 **safety check** 안전 점검 **passenger** 승객 **take-off** 이륙 **overhead compartment** (비행기, 기차 등의) 짐칸 **ahead of schedule** 예정보다 앞선, 예정보다 빠른 **pass out** ~을 나눠주다, 배포하다 **pillow** 베개, 쿠션 **blanket** 담요 **a pair of** 한 쌍의 **warm up** ~을 따뜻하게 하다, ~을 데우다 **in-flight meal** 기내식

4. 대화는 어디에서 이뤄지고 있겠는가?
(A) 유람선에서
(B) 기차에서
(C) 비행기에서
(D) 버스에서

정답 (C)
해설 여자가 대화를 시작할 때 안전 점검을 하였다고 하면서, 승객들이 안전벨트를 착용하였고 이륙 준비가 되었다(All of our passengers have their seatbelts on and are ready for take-off)고 말한다. '이륙(take-off)'이라는 단어를 통해 대화 장소가 배나 기차, 버스가 아닌 비행기임을 알 수 있다. 따라서 (C)가 정답이다.

5. 남자가 여자에게 요청하는 일은 무엇인가?
(A) 몇몇 물건을 나누어 주는 것
(B) 안전벨트를 매는 것
(C) 문을 잠그는 것
(D) 안내 방송을 하는 것

정답 (A)
해설 남자는 여자에게 요청의 표현인 Please를 사용하여 승객들에게 베개와 담요를 나누어 주라고(pass out pillows and blankets to the passengers) 말한다. 따라서 이를 표현한 (A)가 정답이다.
어휘 **task** 일, 과업 **distribute** ~을 나누어 주다, ~을 분배하다 **item** 물건, 물품 **fasten** ~을 매다, 움직이지 않게 고정시키다 **lock** ~을 잠그다 **make an announcement** (기내에서) 안내 방송을 하다, 공표하다

Paraphrase pass out pillows and blankets → Distribute some items

6. 남자는 무엇을 할 것이라고 말하는가?
(A) 승객들과 이야기를 나누는 일
(B) 음식을 데우는 일
(C) 장비를 설치하는 일
(D) 여행 일정을 확인하는 일

정답 (B)
해설 남자는 대화의 마지막 부분에서 자신은 기내식을 데울 것(I'll start warming up the in-flight meals for our

passengers)이라고 말하였는데, 이는 음식을 따뜻하게 할 것이라는 의미이므로 (B)가 정답이다.

어휘 speak with ~와 이야기를 나누다 heat up 데우다, 열을 가하다 install ~을 설치하다 equipment 장비 travel schedule 여행 일정

Paraphrase warming up in-flight meals
→ Heating up some food

Day 02 전치사 ❷

Practice

1. (A)	2. (A)	3. (C)	4. (B)	5. (A)

1.

정답 (A)

해석 강당 내의 천장 수리 작업이 4월 20일에 종료될 예정입니다.

해설 선택지가 모두 전치사로 구성되어 있으므로 빈칸 뒤 명사의 성격을 확인한다. 4월 20일은 날짜를 나타내므로 (A) on이 정답이다.

어휘 ceiling 천장 repair 수리 auditorium 강당 be scheduled to do ~할 예정이다 end 종료되다 on ~에 at ~에 in ~에 during ~동안

2.

정답 (A)

해석 터너 씨는 오후 2시에 자신의 고객들 중 한 명과 약속이 있다.

해설 선택지가 모두 전치사로 구성되어 있으므로 빈칸 뒤 명사의 성격을 확인한다. 오후 2시는 시각이므로 (A) at이 정답이다.

어휘 have an appointment with ~와 약속이 있다 client 고객 at ~에 in ~에 on ~에 to ~로

3.

정답 (C)

해석 경제 둔화가 내년까지 계속될 것으로 예상된다.

해설 선택지가 모두 전치사로 구성되어 있으므로 빈칸 뒤 명사의 성격을 확인한다. 내년이라는 특정 상황의 종료시점이 제시되어 있으므로 (C) until이 정답이다.

어휘 economic 경제의 slowdown 둔화 be expected to do ~할 것으로 예상되다 before ~전에 near 가까운 until ~까지 across ~전역에

4.

정답 (B)

해석 우리의 매출이 홍보 기간 동안 가파르게 증가할 것이다.

해설 선택지가 모두 전치사로 구성되어 있으므로 빈칸 뒤 명사의 성격을 확인한다. 홍보 기간은 특정 행사의 기간을 나타내므로 (B) during이 정답이다.

어휘 sales 매출, 판매 increase 증가하다 sharply 가파르게 promotional 홍보의 period 기간 from ~로부터 during ~동안 by ~까지 about ~에 대해

5.

정답 (A)

해석 고객들은 주문 후 하루 이내에 송장을 받을 것이다.

해설 선택지가 모두 전치사로 구성되어 있으므로 빈칸 뒤 명사의 성격을 확인한다. 주문 후 하루라는 시간은 고객이 송장을 받을 시한에 해당되므로 (A) within이 정답이다.

어휘 customer 고객 receive ~을 받다 invoice 송장 place an order 주문하다 within ~이내에 into ~안에 over ~이상 on ~에

Day 03 do next 문제

Quiz

M: Amber said she could help you with the presentation slides for the meeting tomorrow.

W: Oh, great. I'll give her a call and see if she can start working on them right away.

남: 앰버 씨가 내일 있을 회의에 필요한 발표 슬라이드 작업에 대해 당신을 도와줄 수 있을 거라고 했어요.

여: 아, 잘됐네요. 제가 전화해서 지금 바로 그것에 대해 작업하는 것을 시작하실 수 있는지 알아볼게요.

Q. 여자는 다음에 무엇을 할 것 같은가?

(A) 동료에게 연락하는 일

(B) 회의를 취소하는 일

정답 (A)

어휘 help A with B: B에 대해 A를 돕다 presentation 발표 slide 슬라이드 give A a call: A에게 전화하다 see if ~인지 알아보다 work on ~에 대한 작업을 하다 right away 지금 바로, 당장 contact ~에게 연락하다 coworker 동료 (직원) cancel ~을 취소하다

Practice

1. (B)	2. (C)	3. (B)	4. (C)	5. (B)
6. (B)				

Questions 1-3 refer to the following conversation.

W: Ricky, I have some disappointing news. Jamborino Restaurant has suddenly closed due to some financial problems. So, 1 we won't be able to hold the party for Mr. Solomon's retirement there.

M: Well, it's lucky I hadn't made the reservation yet. How about booking a banquet room at the Luna Hotel instead?

W: That was actually the first place I tried to book. But, 2 they told me all their banquet rooms are booked up for the next few months.

M: 3 Let me give my sister a quick call. She knows a lot of good places for holding events.

여: 리키 씨, 좀 실망스러운 소식이 있어요. 잼보리노 레스토랑이 어떤 재정적인 문제들로 인해서 갑자기 문을 닫았어요. 그래서, 우리는 그 곳에서 솔로몬 씨의 은퇴 파티를 열 수 없을 거예요.

남: 음, 제가 아직 예약을 하지 않아서 다행이네요. 대신에 루나 호텔에 있는 연회장을 예약하는 것은 어때요?

여: 그건 사실 제가 처음에 예약하려고 했던 장소예요. 하지만, 그 곳의 모든 연회장이 향후 몇 개월동안 예약이 다 되어 있다고 하더군요.

남: 제가 제 여동생에게 빨리 전화를 해볼게요. 그녀는 행사를 개최하기 위한 좋은 장소들을 많이 알고 있어요.

어휘 disappointing 실망스러운, 실망시키는 suddenly 갑자기 due to ~로 인해 financial 재정적인 hold (행사를) 열다, 개최하다 retirement 은퇴 it's lucky (that) ~: ~해서 다행이다 make a reservation 예약하다 yet 아직 book ~을 예약하다 banquet room 연회장 instead 대신에 actually 사실은 booked up 예약이 다 찬 give a quick call 빨리 전화해보다

1. 화자들은 무엇을 하려고 준비하고 있는가?

(A) 일자리를 광고하는 일
(B) 은퇴 파티를 여는 일
(C) 총회에 등록하는 일
(D) 휴가를 가는 일

정답 (B)

해설 여자는 대화 첫 부분에서 잼보리노 레스토랑이 문을 닫아서 솔로몬 씨의 은퇴를 위한 파티를 열 수 없을 것(we won't be able to hold the party for Mr. Solomon's retirement there)이라고 말한다. 이를 통해 화자들이 은퇴 파티를 여는 것을 준비하고 있다는 것을 알 수 있으므로 (B)가 정답이다.

어휘 advertise ~을 광고하다 job vacancy 일자리, 채용 공고 hold ~을 열다, ~을 개최하다, ~을 하다 sign up for ~에 신청하다, ~에 등록하다 convention 대회, 총회, 협약, 조약 go on vacation 휴가를 떠나다

2. 여자는 루나 호텔에 대해 뭐라고 말하는가?

(A) 너무 비싸다.
(B) 너무 멀리 떨어져 있다.
(C) 예약이 꽉 차 있다.
(D) 폐쇄되었다.

정답 (C)

해설 남자가 잼보리노 레스토랑 대신 루나 호텔의 연회장을 예약하는 것이 어떤지 제안하자 여자는 처음에 그 호텔의 연회장을 예약하려고 했다고 말하면서 모든 연회장이 향후 몇 달간 예약이 되어 있다(all their banquet rooms are booked up for the next few months)고 말한다. 이를 통해 루나 호텔은 예약이 꽉 차 있는 상태임을 알 수 있으므로 (C)가 정답이다.

어휘 expensive 가격이 비싼 far away 멀리 떨어진 fully 완전히 booked 예약된 close down 문을 닫다, 폐쇄하다

Paraphrase all their banquet rooms are booked up
→ It is fully booked.

3. 남자는 다음에 무엇을 하겠는가?

(A) 식당을 방문하는 일
(B) 가족 중 한 명에게 연락하는 일
(C) 몇 명의 동료 직원들과 만나는 일
(D) 예약 요금을 지불하는 일

정답 (B)

해설 대화 마지막 부분에 남자는 자신의 여동생에게 전화해보겠다(Let me give my sister a quick call)고 말하고, 그녀가 행사를 열기에 좋은 곳에 대해 잘 알고 있다고 한다. 따라서 대화 후에 남자가 할 일은 자신의 여동생에게 전화하는 것이므로 보기 중에서 이와 동일한 의미를 나타낸 (B)가 정답이다.

어휘 contact ~에게 연락하다 family member 가족, 가족 중 일원 colleague 동료 직원 pay ~을 지불하다 booking fee 예약비, 예약 요금

Paraphrase give my sister a quick call
→ Contact a family member

Questions 4-6 refer to the following conversation.

W: Thanks for coming in to work early today, Anthony. **1** I need you to make some changes to the layout of our business Web site.

M: No problem. But, didn't Eddie update our site yesterday?

W: He did, but **2** he made a few mistakes. I've prepared a list of things that I want you to change. Here it is.

M: Thanks. This shouldn't take long. **3** Do you mind if I quickly run downstairs to buy a coffee before I get started?

W: Not at all. Go ahead.

여: 오늘 일찍 출근해줘서 고마워요, 안토니 씨. 당신이 우리 회사의 웹 사이트의 배치에 몇 가지 변경을 해주길 원해요.

남: 문제 없어요. 그런데, 에디 씨가 어제 우리 사이트를 업데이트 하지 않았나요?

여: 했어요. 그런데 그가 몇 가지 실수를 했어요. 당신이 변경해주길 원하는 것들의 목록을 준비했어요. 여기 있어요.

남: 고마워요. 이건 오래 걸리지 않을 거예요. 제가 시작하기 전에 얼른 아래층에 내려가서 커피를 사와도 괜찮을까요?

여: 그럼요. 어서 가세요.

어휘 come in to work 출근하다 I need you to do 당신이 ~하길 원하다 make a change ~을 변경하다 layout 배치 make a mistake 실수하다 prepare ~을 준비하다 list 목록 Do you mind if I ~? 제가 ~해도 괜찮을까요? downstairs 아래층으로 get started 시작하다 not at all 그럼요(Do you mind if I ~? 에 대한 답변), 전혀 아니다

4. 화자들은 주로 무엇에 대해 이야기하고 있는가?
(A) 온라인 후기
(B) 업무 회의
(C) 웹 사이트 디자인
(D) 기기 설치

정답 (C)
해설 대화 주제를 묻는 문제이므로 대화가 시작될 때 특히 주의해 들어야 한다. 여자는 남자에게 인사를 한 뒤에 웹 사이트 배치에 변경을 해주길 바란다는 요청(I need you to make some changes to the layout of our business Web site)을 한다. 이를 통해 웹 사이트 디자인에 대해 이야기를 나누는 것을 알 수 있다. 따라서 (C)가 정답이다.
어휘 device 기기, 장치 installation 설치

Paraphrase the layout of our business Web site
→ Web site design

5. 무엇이 문제를 일으켰는가?
(A) 비용이 예상보다 더 높다.
(B) 직원이 몇 가지 실수를 하였다.
(C) 업무 일정이 준비되지 않았다.
(D) 회의 시간이 변경되었다.

정답 (B)
해설 여자가 웹 사이트의 배치를 변경해달라는 요청에 남자가 에디라는 직원이 어제 했던 작업이 아닌지 물었는데, 그에 대해 여자는 그가 그 작업을 하였지만 실수를 몇 가지 하였다(he made a few mistakes)고 말한다. 이를 통해 웹 사이트 배치 변경에 대한 작업에 있어 발생한 문제점은 이전 작업자인 에디가 실수를 한 것이 원인임을 알 수 있으므로 (B)가 정답이다.
어휘 cost 비용 than expected 예상한 것보다 make an error 실수하다

Paraphrase made a few mistakes → made some errors

6. 남자는 다음에 무엇을 하겠는가?
(A) 문서를 읽는 일
(B) 음료를 구입하는 일
(C) 매니저에게 연락하는 일
(D) 이메일을 보내는 일

정답 (B)
해설 남자는 여자에게 일을 시작하기 전에 커피를 사러 아래층에 내려가도 괜찮을지 묻는데(Do you mind if I quickly run downstairs to buy a coffee before I get started?), 이에 대해 여자가 허락하는 답변(Not at all. Go ahead.)을 말하는 것을 통해 남자가 대화가 끝난 다음에 할 행동은 커피를 사러 가는 것임을 알 수 있다. 따라서 (B)가 정답이다. 동사 mind는 '싫어하다', '꺼려하다'라는 의미를 가지고 있으므로 Do you mind if I ~?에 대해 부정문으로 대답하는 것이 허락 또는 긍정의 의미를 나타낼 수 있다.
어휘 document 문서, 서류 purchase ~을 구입하다 drink 음료, 마실 것 contact ~에게 연락하다

Paraphrase buy a coffee → Purchase a drink

Day 04 전치사 ❸

3초 퀴즈

정답 (A)

해석 컨퍼런스에 관한 어떤 질문도 자유롭게 하시기 바랍니다.

해설 빈칸 앞뒤 명사를 보면 컨퍼런스가 질문의 주제에 해당되므로 '~에 관한'이라는 뜻으로 주제를 나타내는 전치사 (A) about이 정답이다.

어휘 **Please feel free to do** 자유롭게 ~하시기 바랍니다 **ask questions** 질문하다 **about** ~에 관한 **of** ~의

Practice

1. (A)	2. (D)	3. (C)	4. (B)	5. (C)

1.

정답 (A)

해석 저희 웹사이트에서 성공한 구직자들의 다양한 조언을 찾으실 수 있습니다.

해설 빈칸 앞에는 조언이라는 단어가, 빈칸 뒤에는 성공한 구직자들이라는 단어가 있으므로 조언이 성공한 구직자들의 소유인 것을 알 수 있다. 따라서 소유 전치사 (A) of가 정답이다.

어휘 **various** 다양한 **advice** 조언 **successful** 성공한 **job seeker** 구직자 **of** ~의 **to** ~로 **with** ~와 함께 **at** ~의

2.

정답 (D)

해석 이 직책에 지원하시려면, 귀하의 모든 경력을 포함한 이력서를 저희에게 보내 주십시오.

해설 선택지에 접속사와 전치사가 섞여 있으므로 문장 구조를 확인해야 한다. 빈칸 뒤에 명사가 있으므로 빈칸은 전치사 자리이다. 또한, 모든 근무 경력이 이력에서 포함되는 정보이므로 '동반'을 의미하는 (D) with가 정답이다.

어휘 **apply for** ~에 지원하다 **position** 직책 **send A B** A에게 B를 보내다 **résumé** 이력서 **full** 모든 **work experience** (직업) 경력 **if** ~라면 **while** ~하는 동안 **by** ~까지 **with** ~을 포함한

3.

정답 (C)

해석 마인드 블라스트 그룹은 기업인들과 소규모 사업체 소유주들을 위한 보조금을 준비한다.

해설 빈칸 앞에는 보조금이라는 단어가, 빈칸 뒤에는 기업인과 소유주라는 단어가 있으므로 보조금이 기업인과 소유주를 위한 것임을 알 수 있다. 따라서 목적을 나타내는 (C) for가 정답이다.

어휘 **arrange** ~을 준비하다 **grant** 보조금 **entrepreneur** 기업인 **owner** 소유주 **business** 사업체 **off** ~벗어나서 **by** ~까지 **for** ~을 위해 **as** ~로서

4.

정답 (B)

해석 터너 씨는 수익과 지출을 검토하기 위해 회계부장과 함께 매주 만난다.

해설 빈칸 앞에는 만나다라는 단어가, 빈칸 뒤에는 회계부장이라는 단어가 있으므로 회계부장은 터너 씨가 만나는 대상을 뜻하는 것을 알 수 있다. 따라서 동반을 뜻하는 (B) with가 정답이다.

어휘 **meet** ~을 만나다 **weekly** 매주 **accounting** 회계부 **review** ~을 검토하다 **profit** 수익 **expense** 지출 **by** ~까지 **with** ~와 함께 **to** ~로 **along** ~을 따라서

5.

정답 (C)

해석 시장은 주민들에게 관광산업을 지원하려면 시의 역사에 관해 더 많은 것을 배우도록 당부했다.

해설 빈칸 앞에는 배우다라는 단어가, 빈칸 뒤에는 시의 역사라는 단어가 있으므로 시의 역사가 주민들이 배워야 하는 것의 주제에 해당된다는 것을 알 수 있다. 따라서 주제를 나타내는 전치사 (C) about이 정답이다.

어휘 **mayor** 시장 **ask A to do** A에게 ~하도록 요청하다 **resident** 주민 **learn more about** ~에 관해 더 많은 것을 배우다 **history** 역사 **support** ~을 지원하다 **tourism industry** 관광산업 **with** ~와 함께 **to** ~로 **about** ~에 관해 **at** ~에

Day 05 Weekly Test

VOCA

1. (B)	2. (C)	3. (A)	4. (A)	5. (C)
6. (B)	7. (B)	8. (C)		

7.

해석 르랜드 사는 내년 매출에서 15%의 성장을 예상한다.

해설 빈칸에는 내년 매출과 관련해 회사가 예상할 수 있는 어휘가 들어가야 하므로 '성장'이라는 뜻의 (B) growth가 정답이다.

어휘 **corporation** 회사 **expect** ~을 예상하다, 기대하다 **sales** 매출 **application** 지원, 적용 **growth** 성장 **support** 지원, 지지 **impact** 영향

8.

해석 공장 근로자들은 화학 폐기물을 조심스럽게 처리하는 것을 잊지 않도록 주의받는다.

해설 빈칸에는 공장 근로자들이 화학 폐기물을 처리할 때의 태도를 나타낼 어휘가 들어가야 한다. 따라서 '조심스럽게'라는 뜻의 (C) cautiously가 정답이다.

어휘 **factory** 공장 **be reminded to do** ~하도록 주의받다 **dispose of** ~을 처리하다, 버리다 **chemical** 화학의 **waste** 폐기물 **substantially** 상당히 **considerably** 상당히 **cautiously** 조심스럽게 **dramatically** 극적으로

LC

1. (C)	**2.** (D)	**3.** (D)	**4.** (B)	**5.** (C)
6. (A)				

Questions 1-3 refer to the following conversation with three speakers.

M1: 1 We've been waiting to deliver these legal papers for almost an hour now.

M2: I know! I'll give Angie a call at the office and 2 ask if she knows when the client will arrive.

W: Thanks for calling Stillman Law Firm. How can I help you?

M2: Hi, Angie. This is Charles, and I'm here with Ian. Do you have any idea when the client will get here? We're parked outside his business.

W: Oh, he just called me. He has been attending an important meeting. 3 You guys should probably have your lunchbreak now and go back there around 2 P.M.

남1: 우린 지금 거의 한 시간 동안 이 법률 문서들을 전달하려고 기다리고 있어요.

남2: 그러게 말이에요! 제가 사무실에 있는 앤지 씨에게 전화해서 고객이 언제 도착할지 아는지 물어볼게요.

여: 스틸먼 로펌에 전화 주셔서 감사합니다. 무엇을 도와드릴까요?

남2: 안녕하세요, 앤지 씨. 저는 찰스예요. 저는 이안 씨와 함께 있어요. 고객이 여기 언제 도착할지 알고 있나요? 저희는 그의 회사 바깥에 주차했어요.

여: 아, 그분이 저에게 방금 전화하셨어요. 그분은 중요한 회의에 참석하고 계셨대요. 여러분은 지금 점심시간을 가지고 2시쯤에 거기로 다시 가셔야 할 것 같아요.

어휘 **deliver** ~을 배달하다 **legal** 법적인 **almost** 거의 **give A a call:** A에게 전화하다 **ask if** ~인지 물어보다 **arrive** 도착하다 **park** 주차하다 **outside** 바깥에 **business** 회사, 기업 **attend** ~에 참석하다 **probably** 아마도 **have a lunchbreak** 점심시간을 가지다

1. 남자들은 무엇을 배달하고 있는가?

(A) 가전 제품

(B) 사무용품

(C) 문서

(D) 음식 주문

정답 (C)

해설 남자들 중 한 명이 대화 첫 부분에서 거의 한 시간 동안 법적 문서들을 배송하려고 기다리고 있는 중(We've been waiting to deliver these legal papers for almost an hour now)이라고 말하는데, 여기서 남자들이 배달하려는 것이 법적 문서임을 알 수 있다. 따라서 (C)가 정답이다.

어휘 **appliance** 가전 제품 **supplies** 물품, 용품 **order** 주문(품)

Paraphrase legal papers → Documents

2. 남자들은 어떤 문제에 대해 이야기하는가?

(A) 주차장이 가득 차 있다.

(B) 전화번호가 잘못되었다.

(C) 물건이 품절이다.

(D) 고객이 도착하지 않았다.

정답 (D)

해설 찰스가 앤지에게 전화를 걸어서 고객이 언제 도착하는지 아는지 물어볼 것(ask if she knows when the client will arrive)이라고 하는데, 이를 통해 고객이 도착하지 않아서 한 시간 동안 기다리고 있음을 유추할 수 있다. 따라서 (D)가 정답이다.

어휘 **parking lot** 주차장 **item** 물건, 물품 **out of stock** 품절인

3. 여자는 남자들에게 무엇을 할 것을 제안하는가?

(A) 고객에게 전화하는 일

(B) 회의에 참석하는 일

(C) 이메일을 보내는 일

(D) 휴식을 취하는 일

정답 (D)

해설 대화 마지막 부분에 여자는 남자들에게 점심시간을 가지고 2시쯤 돌아가야 할 것 같다(You guys should probably have your lunchbreak now and go back there around 2 P.M.)고 말하는데, 이를 통해 여자는 남자들에게 휴식 시간을 가지라는 제안을 한 것임을 알 수 있다. 따라서 (D)가 정답

이다.

어휘 **suggest** 제안하다 **take a break** 휴식을 취하다, 쉬다

Paraphrase have your lunchbreak → Take a break

Questions 4-6 refer to the following conversation.

W: Mr. Keating, 4 I wanted to speak with you about the new in-flight entertainment systems we are planning to install on our airplanes.

M: Sure. I think 4 our passengers will be really pleased about that change.

W: I agree, but there's a small problem. 5 The company that manufactures the systems is unable to produce the devices at a fast enough rate for us. So, they want us to extend the deadline.

M: Well, that's not possible. 6 Would you mind contacting the CEO of the manufacturing company and inviting him to attend a meeting with us? Any day this week would be suitable.

여: 키팅 씨, 저는 우리의 항공기에 설치하기로 계획 중인 새로운 기내 엔터테인먼트 시스템에 관해 당신과 이야기를 나누고 싶었습니다.

남: 물론이죠. 제 생각에 우리 승객들은 그 변화에 정말 즐거워할 것 같아요.

여: 저도 동의해요, 하지만 작은 문제가 있어요. 그 시스템을 제조하는 회사가 저희에게 충분히 빠른 속도로 그 기기를 생산할 수 없어요. 그래서, 그들은 우리가 마감 기한을 연장하기를 원해요.

남: 음, 그건 불가능해요. 그 제조사의 CEO에게 연락해서 그분이 우리와의 회의에 참석하도록 요청해 주시겠어요? 이번 주 어느 날이든 적절할 거예요.

어휘 **in-flight** (항공기의) 기내의 **entertainment** 엔터테인먼트, 오락(물) **install** ~을 설치하다 **passenger** 승객 **be pleased about** ~에 즐거워하다, ~에 기뻐하다 **manufacture** 제조하다 **be unable to do** ~할 수 없다 **produce** ~을 생산하다 **device** 기기, 장치 **rate** 속도 **extend** ~을 연장하다 **deadline** 마감 기한 **possible** 가능한 **Would you mind -ing** ~해 주시겠어요? **invite A to do**: A가 ~하도록 요청하다 **suitable** 적절한, 알맞은

4. 화자들은 어디에서 일할 것 같은가?
(A) 호텔에서
(B) 항공사에서
(C) 놀이공원에서
(D) 가전제품 매장에서

정답 (B)

해설 여자가 대화 첫 부분에서 항공기에 설치하기로 계획 중인 새로운 기내 엔터테인먼트 시스템에 대해 이야기를 하고 싶었다(I wanted to speak with you about the new in-flight entertainment systems we are planning to install on our airplanes)고 하였고, 그 뒤에 남자도 우리의 승객들이 그 변화에 정말 즐거워할 것(our passengers will be really pleased about that change)이라고 말하므로 두 명의 화자 모두 항공사에서 근무하는 직원임을 알 수 있다. 따라서 (B)가 정답이다.

어휘 **airline** 항공사 **amusement park** 놀이공원 **appliance** 가전 제품

5. 여자가 언급하는 문제는 무엇인가?
(A) 항공편이 지연되었다.
(B) 기기가 고장 났다.
(C) 생산 속도가 너무 느리다.
(D) 제조 비용이 너무 높다.

정답 (C)

해설 대화 중반부에서 여자가 작은 문제가 있다(there's a small problem)고 말한 뒤 어떤 문제인지 언급한다. 엔터테인먼트 시스템을 제조하는 회사가 충분히 빠른 속도로 그 기기를 생산할 수 없다(The company that manufactures the systems is unable to produce the devices at a fast enough rate for us)고 하므로, 생산 속도가 느린 것이 문제임을 알 수 있다. 따라서 (C)가 정답이다.

어휘 **flight** 항공편 **be delayed** 지연되다 **malfunction** 고장 나다, 제대로 작동하지 않다 **production** 생산 **rate** 속도 **cost** 비용

Paraphrase unable to produce the devices at a fast enough rate for us
→ A production rate is too slow.

6. 여자는 다음에 무엇을 하겠는가?
(A) 회의를 준비하는 일
(B) 예산을 수정하는 일
(C) 예약을 하는 일
(D) 몇몇 회사를 비교하는 일

정답 (A)

해설 대화 마지막 부분에 남자는 여자에게 제조사의 CEO에 연락해서 회의에 참석하도록 요청해줄 것을 요청하는데(Would you mind contacting the CEO of the manufacturing company and inviting him to attend a meeting with us?), 이는 남자가 여자에게 회의를 준비하라고 요청한 것이므로 (A)가 정답이다.

어휘 organize ~을 준비하다, ~을 조직하다 revise ~을 수정하다, ~을 개정하다 budget 예산 make a reservation 예약하다 compare ~을 비교하다

Paraphrase Would you mind ~ inviting him to attend a meeting with us? → Organize a meeting

RC

1. (C)	2. (A)	3. (D)	4. (C)	5. (B)
6. (D)	7. (A)	8. (B)	9. (C)	10. (A)

1.

정답 (C)

해석 이번 주의 고객 서비스 교육 프로그램은 내일 오전 9시 30분에 열릴 것이다.

해설 빈칸 뒤에 시각 표현이 있으므로 시간 전치사 (C) at이 정답이다.

어휘 customer service 고객 서비스 training session 교육 프로그램 take place 열리다 on ~위에 for ~을 위해 at ~에 between ~사이에

2.

정답 (A)

해석 저자는 독자들에게 과거의 잘못을 되풀이하지 않기 위해 역사에 대해 더 배우도록 촉구했다.

해설 빈칸 앞의 동사 learn은 '배우다'라는 뜻이며, 빈칸 뒤에는 역사라는 특정 분야가 나온다. 역사는 독자들이 배워야 하는 주제에 해당되므로 '~에 대해'라는 뜻의 (A) about이 정답이다.

어휘 author 저자 urge A to do A가 ~하도록 촉구하다 learn ~을 배우다 repeat ~을 반복하다 mistake 잘못 the past 과거 about ~에 대해 with ~와 함께 for ~을 위해 until ~까지

3.

정답 (D)

해석 클리코 사는 웹사이트에 해외 주문은 영업일 7일 이내에 받을 수 있을 것이라고 명시하고 있다.

해설 빈칸 뒤에 해외 주문 제품을 받을 수 있는 기한을 나타내는 것이 가장 적절하므로 '~이내에'라는 의미로 쓰이는 (D) within이 정답이다.

어휘 state ~을 명시하다 overseas 해외의 order 주문(품) receive ~을 받다 at ~에 on ~에 during ~동안 within ~이내에

4.

정답 (C)

해석 토요일부터, 워터 & 베슬은 그림과 사진과 같은 다양한 예술품들을 특별히 포함할 것이다.

해설 빈칸 뒤에 요일이 있으므로 시간 전치사 (C) on이 정답이다.

어휘 starting ~부터 feature ~을 특별히 포함하다 a range of 다양한 artwork 예술품 painting 그림 photography 사진 at ~에 last 지난 on ~에 through ~을 통해

5.

정답 (B)

해석 이 전화는 고객 문의사항을 처리하는 저희 직원들을 교육하기 위한 목적으로 녹음될 수 있습니다.

해설 빈칸 뒤에 전화를 녹음하는 목적이 나와 있으므로 목적이나 이유 등을 나타낼 때 사용하는 전치사 (B) for이 정답이다.

어휘 record ~을 녹음하다 purpose 목적 train ~을 교육하다 handle ~을 다루다 inquiry 문의사항 because ~ 때문에 for ~을 위해 to ~로 while ~하는 동안

6.

정답 (D)

해석 냉방 시스템 문제 때문에, 회의실은 추후 통지가 있을 때까지 이용할 수 없을 것이다.

해설 빈칸 뒤에 추후 공지라는 명사는 특정 상황의 종료시점을 나타내므로 '~까지'라는 뜻의 (D) until이 정답이다.

어휘 due to ~때문에 air conditioning system 냉방 시스템 conference room 회의실 available 이용 가능한 until further notice 추후 공지가 있을 때까지 on ~에 대해 as ~로서 along ~을 따라서

7.

정답 (A)

해석 아크 씨는 내일 열리는 고급 영업 기술에 대한 워크숍에 참석할 수 없을 것이다.

해설 빈칸 앞에는 워크숍이라는 명사가, 빈칸 뒤에는 고급 영업 기술이라는 단어가 워크숍의 주제를 나타내므로 '~에 대한'이라는 뜻의 (A) on이 정답이다.

어휘 be able to do ~할 수 있다 attend ~에 참석하다 advanced 고급의 sales 영업 technique 기술 on ~에 대한 with ~와 함께 of ~의 in ~안에

8.

정답 (B)

해석 모든 생일 케이크들이 너무 매력적이어서 파티를 위해 어느 것을 구입할지 고르는 것이 힘들었다.

해설 빈칸 뒤에 생일 케이크를 사는 목적에 해당되는 명사 '파티'가 있으므로 (B) for이 정답이다.

어휘 so ~ that 너무 ~해서 …하다 attractive 매력적인 choose ~을 고르다 buy ~을 구입하다

9.

정답 (C)

해석 직원들은 고객들이 크리스마스 시즌 동안 할인을 받을 수 있다는 사실을 알려야 한다.

해설 빈칸 뒤에 특정 기간을 나타내는 명사가 있으므로 '~동안'이라는 뜻의 (C) during이 정답이다.

어휘 **employee** 직원 **be required to do** ~해야 하다 **inform (A that)** (A에게 ~임을) 알리다 **get a discount** 할인을 받다 **on** ~에 **of** ~의 **during** ~동안에 **to** ~로

10.

정답 (A)

해석 오늘 강연자들께서는 새로운 텔레비전 광고에 관한 자신의 생각들을 회사의 임원진과 함께 나눌 것입니다.

해설 빈칸 뒤에 제시된 임원진은 강연자들과 함께 새 광고에 대한 의견을 나눌 대상이므로 동반의 뜻을 가진 (A) with가 정답이다.

어휘 **speaker** 강연자 **share** ~을 나누다 **commercial** 광고 **executive** 임원 **with** ~와 함께 **for** ~을 위해 **at** ~에 **about** ~에 관해